Inhalt

In der Schule

Namen für Menschen, Pflanzen, Tiere und Dinge

1 Was siehst du?
Sprich die Wörter deutlich
und schreibe die Namen darunter!

Puppe

2 Ordne die Wörter! Markiere den großen Anfangsbuchstaben!

Menschen	Tiere	Pflanzen	Dinge
			Puppe

3 Finde die Namenwörter (Nomen) und unterstreiche sie!
Übertrage den großen Anfangsbuchstaben und lies die Botschaft!

SOFA • WIESO • UHU • PFLANZE • SO • ELEFANT • UND • REGAL • GRAS
OFT • ESEL • MAUS • NUN • AUTO • COMPUTER • HEFT • GEGEN • TISCH

													!

★ Schreibe deine Lieblingsnamen auf!
Sortiere nach Namen für Jungen und Mädchen.

Die Begleiter

In der Turnhalle

Alle haben jetzt Sport. Die Stunde beginnt mit einem Spiel. Max fehlt noch. Er sucht seine Hose und das Hemd. Jonas wirft Selina den Ball zu. Sie trifft nicht den Korb, sondern das Fenster. Nichts passiert! Der Junge bringt den Ball, es geht weiter.

1 Ordne die unterstrichenen Namenwörter (Nomen) in die Tabelle ein!

der | **die** | **das**

2 Wie muss es heißen: **ein** oder **eine**? Schreibe die Namenwörter (Nomen) aus der Tabelle mit dem unbestimmten Begleiter (Artikel) auf!

3 Unterstreiche die Namenwörter (Nomen)!

BUCH • JETZT • KREIDE • KINO • WO
ELEFANT • BRILLE • FILM • IMMER

So erkenne ich ein Namenwort (Nomen): Ich kann **der**, **die** oder **das** davor setzen.

★ Suche im Wörterverzeichnis deinen Lieblingsbuchstaben! Wähle Namenwörter (Nomen) aus und schreibe sie mit bestimmten und unbestimmten Begleitern (Artikeln) auf!

Das Abc

1 Ergänze die fehlenden Buchstaben in jeder Abc-Gruppe!

C		

	N		

A			

T			W

		J		

2 Ordne die Wortkarten nach dem Abc!
Schreibe die Namenwörter (Nomen)
mit dem Begleiter (Artikel) auf!

REGAL	DACH	BUCH	MELONE	HEFT	SONNE	KIND	ESEL
		1.					

1 ______ 5 ______

2 ______ 6 ______

3 ______ 7 ______

4 ______ 8 ______

3 Ordne die Wörter nach dem Abc und schreibe die Sätze auf!

4 1 3 2
Gras – der – frisst – Elefant

um – Willi – trifft – Selina – vier

mit – Nele – läuft – Karl

einen – dressiert – Frosch – Clara

★ Finde solche Sätze wie in Aufgabe 3!

A B C D E F G H I J K L M N O P Q R S T U V W X Y Z

Laute und Buchstaben

1 Ergänze die fehlenden Buchstaben im Abc!
Markiere die Selbstlaute rot und die Mitlaute grün!

A a		C c		E e		G g		I i
	K k		M m		O o		Qu qu	
S s		U u		W w		Y y		

2 Setze die fehlenden Selbstlaute ein!

das K_nd   die Pfl_nz_   der _l_f_nt
der St_ft   das S_f_   die L_hr_r_n
das H_ft   die Bl_m_   der C_mp_t_r

3 Verändere den Selbstlaut und bilde neue Wörter!

die Wand → i → der
die Nudel → a →
der Mund → o →
das Gold → e →
der Berg → u →

4 Welche Zwielaute hörst du? Trage diese in die blauen Kästen ein!

S | ei | f | e

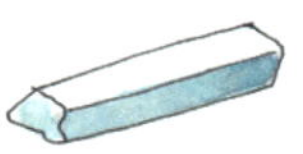

★ Sammle Wörter mit zwei gleichen Selbstlauten!
der Anfang, …

Silben und Wörter

1 Im Silbenrätsel haben sich Dinge aus der Federtasche versteckt.
Finde sie und schreibe diese heraus!

~~Spit~~	Ra	Sche	Bunt	Fül	Li
stif	dier	ber	~~zer~~	ne	re
al	te	gum	Kle	mi	ler

zwei Silben: (vier Wörter) Spitzer

drei Silben: (zwei Wörter)

vier Silben: (ein Wort)

2 Setze bei den Wörtern in Aufgabe 1 Silbenbögen!

3 Alle Lösungswörter haben vier Silben.
Setze sie richtig zusammen und schreibe die Wörter mit Begleiter (Artikel) auf!
Markiere in jeder Silbe den Selbstlaut!

DER – TA – SCHE – FE

LI – NA – MO – DE

STEI – HOLZ – BAU – NE

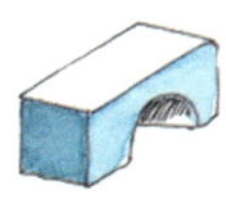

WÜR – RE – MER – GEN

DE – KO – LA – SCHO

FEL – KREI – DE – TA

★ Gestalte ein Silbenrätsel für deine Mitschüler!

Im Herbst

Einzahl und Mehrzahl

1 In jeder Reihe stecken zwei Namenwörter (Nomen) in der Einzahl. Markiere sie!

A	P	F	E	L	J	M	E	S	S	E	R
G	U	R	K	E	X	E	I	C	H	E	L
I	V	N	U	S	S	Q	A	U	T	O	X
N	S	A	L	A	T	W	K	I	N	D	R
B	R	E	T	T	K	V	O	G	E	L	P

2 Trage diese Wörter in die Tabelle ein und bilde die Mehrzahl!

Einzahl	Mehrzahl
der Apfel	die Äpfel

3 Was verändert sich in der Mehrzahl? Unterstreiche!

★ Kennst du Namenwörter (Nomen), die es nur in der Einzahl gibt?
das Obst, der Hunger, die Milch, …

Wie etwas ist

1 Schreibe Sätze und Wortgruppen!

Der Apfel ist reif.	der reife Apfel

2 Was verändert sich bei den Eigenschaftswörtern (Adjektiven)? Unterstreiche!

3 Setze die Eigenschaftswörter (Adjektive) in der richtigen Form ein!

Heute weht ein ________ Wind. Die ________ Blätter wirbeln durch die ________ Luft. Die Kinder freuen sich ________ und laufen ________ auf das ________ Feld. Dort lassen sie ihre ________ Drachen steigen.

frisch • bunt • kalt • riesig • schnell • frei • lustig

★ Welche Farben hat der Herbst? Schreibe einen kleinen Text dazu!

Rätsel

1 Unterstreiche im Rätsel die Eigenschaftswörter (Adjektive) und löse es!

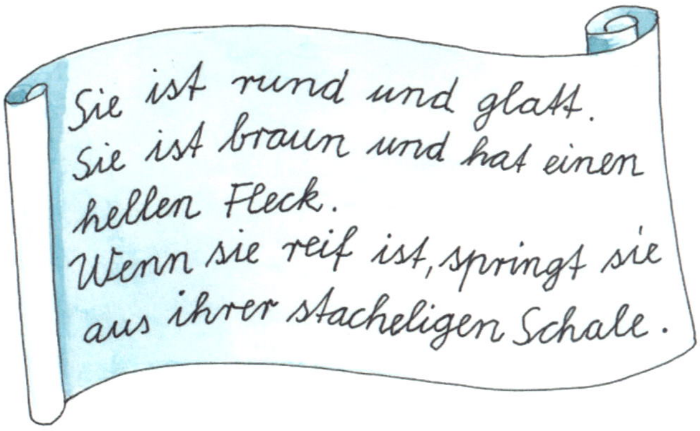

Es ist ______________________.

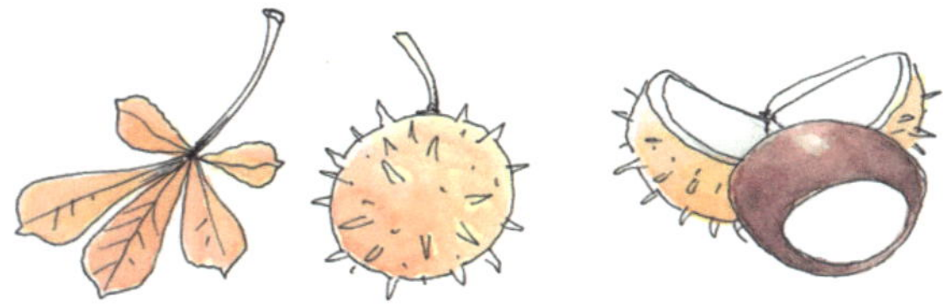

2 Wähle einen Gegenstand aus und schreibe mindestens zwei Sätze! Verwende möglichst treffende Eigenschaftswörter (Adjektive)!

____

____

____

3 Markiere Gegensätze mit der gleichen Farbe!

groß	rund	dick	hell	leicht	hart
sauer	weich	rau	dünn	eckig	schwarz
weiß	dunkel	süß	klein	schwer	glatt

★ Denke dir ein kleines Herbsträtsel aus und stelle es deinen Mitschülern vor!

Fragen und Antworten

1 Lies und setze die richtigen Satzzeichen!

Was fressen Eichhörnchen ☐

Ihre Feinde sind Greifvögel und Marder ☐

Sie fressen Eicheln, Nüsse und Samen von Zapfen ☐

Das Nest heißt Kobel ☐

Woran erkennt man sie ☐

Eichhörnchen leben in Parks und Wäldern ☐

Wo leben sie ☐

Sie haben ein rotbraunes Fell und buschige Ohren ☐

Wie heißt das Nest ☐

2 Markiere die passenden Fragen und Antworten in der gleichen Farbe!

3 Schreibe drei Fragen aus Aufgabe 1 und die passenden Antworten auf! Denke an das Satzzeichen am Ende.

★ Schreibe einen kleinen Text über das Eichhörnchen!

Ähnlich klingende Mitlaute

1 Sprich die Wörter deutlich! Achte auf den Anlaut und schreibe die Namenwörter (Nomen) auf!

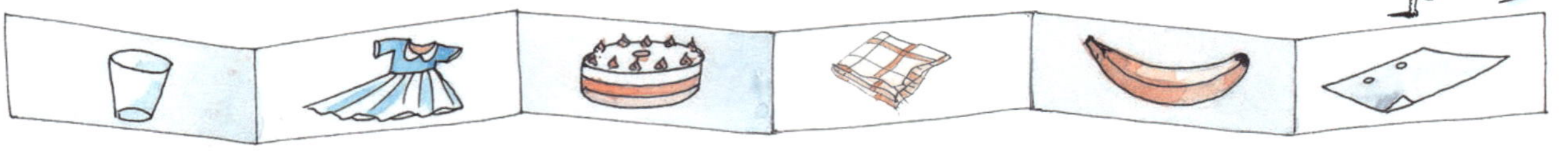

Glas

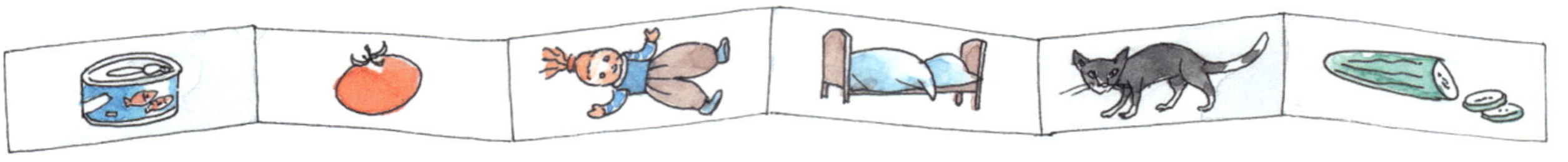

Umlaute

2 Bilde die Mehrzahl und unterstreiche die Umlaute!

das Dorf ______ die Nuss ______

der Baum ______ das Blatt ______

die Frucht ______ der Garten ______

3 Unterstreiche die Fehler!

In den Gerten fallen die Bletter von den Beumen.

4 Schreibe den Satz richtig auf!

★ Suche die Wörter **Ärztin**, **Bäcker** und **Schüler** im Wörterbuch! Welche Wörter stehen direkt davor?

Bist du fit?

Drachenfest

Seit einigen Wochen sind wir wieder in der Schule.
Alle haben lustige, bunte Drachen gebaut.
Heute ist unser großes Drachenfest.
Die Kinder und ihre Gäste treffen sich auf dem freien Feld.
Dort sollen die Drachen im frischen Wind steigen.

1 Unterstreiche im Text alle Namenwörter (Nomen) blau und alle Eigenschaftswörter (Adjektive) grün!

2 Ordne die Namenwörter (Nomen) nach dem Abc!

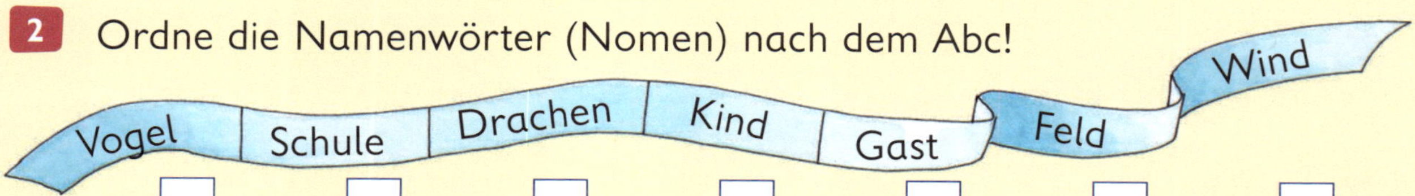

3 Schreibe die Namenwörter (Nomen) mit dem Begleiter (Artikel) auf!

4 Schreibe die Namenwörter (Nomen) in der Einzahl und Mehrzahl mit Begleiter (Artikel)! Markiere, was sich verändert!

5 Ergänze die Sätze und schreibe weiter! Achte auf die Satzzeichen!

Alle Drachen fliegen am

Warum fliegt von Felix nicht

Seine Schnur hat sich verknotet Wie geht es weiter

der Drachen • lang • blauer Himmel

6 Bilde Wortgruppen oder Sätze! Markiere die Zwielaute!

reif Pflaume

heiß Feuer

gelb Birne

süß Weintrauben

7 Beschreibe einen Apfel! Die Wörter können dir dabei helfen.

Miteinander leben

Was wir tun

1 Was kann die Familie gemeinsam tun? Schreibe auf:

Die Familie kann gemeinsam ______, ______,
______, ______ und ______.

2 In jedem Geschenk stecken zwei Tätigkeitswörter (Verben).
Streiche die Wörter durch, die keine Tätigkeiten bezeichnen!

3 Lies die Tätigkeitswörter (Verben) genau!
Ordne sie in der Tabelle!

spielen • fressen • einkaufen
rechnen • lesen • schlafen
wachsen • saufen

Menschen und Tiere können …	Menschen können …	Tiere können …

★ Was machst du gern? Schreibe einige Tätigkeitswörter (Verben) auf!
Finde heraus, wie diese in anderen Sprachen heißen!

Geburtstag feiern

1 Immer eine Grundform (Nennform) und eine gebeugte Form (Personalform) gehören zusammen. Verbinde diese!

lesen spielen geben gehen laufen fallen lachen

ich spiele du läufst du liest er fällt er geht ich lache ihr gebt

2 Setze die richtige gebeugte Form (Personalform) ein!

Anne ______ ihren Geburtstag.

Alle ______ über Papas Witze.

Ich ______ den Kuchen auf den Tisch.

Peter ______ Julia eine Kinokarte.

Felix ______ Tischschmuck.

schenken lachen feiern basteln stellen

3 Schreibe Julias Merkzettel richtig auf!

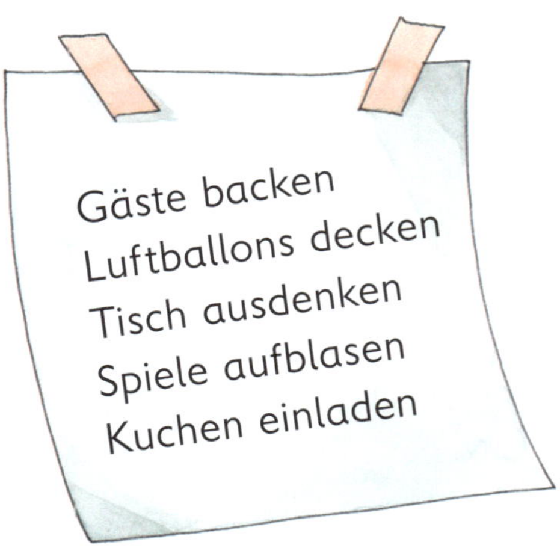

★ Wen möchtest du zu deinem Geburtstag einladen?
Schreibe eine Einladung!

Wortstamm und Endung

1 Immer vier Tätigkeitswörter (Verben) haben den gleichen Wortstamm.
Kennzeichne sie mit verschiedenen Farben!

decken	ich hole	ihr stellt	du rufst
du stellst	ihr ruft	holen	sie deckt
ich stelle	ihr deckt	er holt	rufen
ihr holt	stellen	du deckst	ich rufe

2 Schreibe alle Möglichkeiten auf!
Unterstreiche Wortstamm und Endung verschieden!

spiel- -e -st -en -t

ich ______ du ______ er ______

wir ______ ihr ______ sie (alle) ______

3 Setze die richtige Form von **spielen** ein!
Markiere den Wortstamm!

Felix ______ mit seinem Hund im Garten. Selina und Julia ______ Verstecken. „Warum ______ du nicht mit?", fragt Selina. „Ich ______ lieber mit Bello", meint Felix. Vater fragt: „Warum ______ ihr nicht gemeinsam?"
„Los, jetzt ______ wir alle!", ruft Julia.

★ Suche im Wörterverzeichnis Tätigkeitswörter (Verben), in denen sich der Wortstamm ändert!
dürfen – du darfst, ...

Wörter verlängern

1 Verlängere und ergänze dann den fehlenden Buchstaben!

 der Ber ___

 der Zwer ___

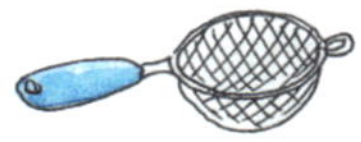 das Sie ___

 der Zu ___

 der Kor ___

 die Bur ___

2 Finde Reimwörter!

 ihr gebt – geben

ihr klebt – kleben

 er bleibt – bleiben

______

 ihr liegt – liegen

______

 er sagt – sagen

______

3 **b** oder **g**? Ergänze die Lücken und trage die Wörter in den Text ein!

We ___ • Bur ___ • lie ___ t • Ber ___ • gi ___ t • Kor ___
blei ___ en • zei ___ t • Fra ___ en • schrei ___ t • Ta ___

Die Kinder wandern den ______ entlang zur ______. Diese ______ auf einem ______. Zur Begrüßung ______ es Äpfel aus einem ______. Danach ______ alle im Burghof. Der Burgherr ______ viele alte Dinge und beantwortet die ______ der Kinder. Wieder zu Hause ______ Selina in ihr Tagebuch: „Das war ein schöner ______."

★ Wie findet man heraus, wie die Wörter richtig geschrieben werden: *zeikt* oder *zeigt*, *Dieb* oder *Diep*? Formuliere einen Rechtschreibtipp!

Märchenzeit

Kennst du Märchen?

1 Was gehört zusammen? Verbinde es!

Schneewittchen

Der Wolf und die sieben Geißlein

Rumpelstilzchen

Rotkäppchen

Aschenputtel

Frau Holle

2 Setze die richtigen Satzzeichen! Schreibe den Namen des Märchens auf!

Was gibst du mir, wenn ich
das Stroh zu Gold spinne

Spieglein, Spieglein an
der Wand, wer ist die Schönste
im ganzen Land

Da kamen zwei
weiße Täubchen herein

Kikeriki, unsere goldene
Jungfrau ist wieder hie

Die alte Großmutter wohnte
draußen im dunklen Wald

★ Welche Märchensprüche kennst du? Schreibe auf!

SF S. 44

Märchen-Steckbriefe

1 Um welche Märchenfigur geht es hier?

2 Wähle eine Märchenfigur aus und schreibe einen Steckbrief!

Name:

Aussehen: weiß wie Schnee, rot wie Blut, schwarz wie Ebenholz
Wohnort: Haus hinter den sieben Bergen
Beruf: Prinzessin
Besonderheit: die Schönste im ganzen Land

Name:

Aussehen:

Wohnort:

Beruf:

Besonderheit:

★ Welches ist dein Lieblingsmärchen? Begründe!

Aufforderungen

1 Finde treffende Eigenschaftswörter (Adjektive) zu jeder Figur!

Rotkäppchen	**Großmutter**	**Wolf**

2 Was befiehlt der Wolf? Ergänze!

_____ die Tür zu

_____ herein, liebes Kind

_____ näher an mein Bett

_____ mir den Korb

3 Wozu hat die Mutter Rotkäppchen aufgefordert?

Großmutter besuchen — Besuche _____

ihr Kuchen und Wein bringen — _____

auf den Weg achten — _____

nicht mit Fremden sprechen — _____

★ Welche Ratschläge würdest du Rotkäppchen geben?

Vor vielen Jahren

1 Setze **d** oder **t** ein!

Der Rat des Königs

Prinz Willibald wollte nicht heiraten. Nach langer **Zei**__ strich sich der alte König seinen **Bar**__ und sprach weise: „Lieber Sohn, ich vererbe dir das **Lan**__, wenn du die Prinzessin aus dem Königreich hinter dem **Wal**__ zur **Brau**__ nimmst. Sie hat viel **Gel**__, wohnt in einem **Palas**__ und wünscht sich ein **Kin**__. Oft geht sie in einem rosa **Klei**__ mit ihrem **Hun**__ spazieren. Bitte sie um ihre **Han**__!“

2 Schreibe die fett gedruckten Wörter mit Begleiter (Artikel) auf!

3 Bei den Zwergen ist alles klein.
Schreibe so:

das Buch
der Stuhl
der Kuchen
der Teller
die Hand
das Kind
der Hund
der Bach
der Korb

das Büchlein,

★ Welche Tiere werden mit **-chen** oder **-lein** klein?
das Äffchen, …

Bist du fit?

Geburtstag

In dieser Woche ______ die Familie Julias Geburtstag. Auf dem Merkzettel ______ alle wichtigen Dinge. Julia ______ Einladungen für ihre Freunde. Moritz und Mama ______ Tischschmuck. Oma Rosi ______ Julias Lieblingskuchen. Papa ______ Saft und Kekse.

feiern
stehen
schreiben
basteln
backen
kaufen

1 Lies den Text und setze die Tätigkeitswörter (Verben) in der richtigen gebeugten Form (Personalform) ein!

2 Wähle ein Tätigkeitswort (Verb) aus dem Text. Schreibe alle gebeugten Formen (Personalformen) auf!

ich ______, du ______, er ______

wir ______, ihr ______, sie (alle) ______

3 Unterstreiche in Aufgabe 2 immer Wortstamm und Endung verschieden!

4 Markiere die fünf Fehler und schreibe die Wörter richtig auf!

Rotkäppchen ~~brinkt~~ der Großmutter an einem schönen Tak Wein und Kuchen. bringt, ______

In der Hant träkt es ein Körbchen. ______

Im Walt trifft es den Wolf und fragt nach dem Wek. ______

5 Julias Mama bereitet die Geburtstagsfeier vor. Dabei braucht sie Hilfe von Papa, Oma und Moritz. Wozu könnte sie auffordern? Bilde Sätze!

Bringe bitte Saft und Kekse mit!

Saft und Kekse mitbringen

für die Freunde Einladungen schreiben

einen leckeren Kuchen backen

den Tisch decken

6 Schreibe zusammenhängend auf, wie du deinen nächsten Geburtstag vorbereitest!

Tisch schmücken

Kuchen backen und Limonade kaufen

Einladungen schreiben

Spiele überlegen

Preise basteln …

Im Winter

Wortarten üben

1 Ordne die Wörter in die Tabelle ein!

~~der Vogel~~ • weiß • sie fliegen • wir füttern • die Flocke • lustig
der Schnee • es schneit • kalt • rund • sie friert • der Winter

Namenwörter (Nomen)	Tätigkeitswörter (Verben)	Eigenschaftswörter (Adjektive)
der Vogel		

2 Schreibe die Sätze richtig auf! Achte auf Satzanfänge und Satzzeichen!

felix baut einen großen schneemann
er trägt eine rote möhre im gesicht
auf dem runden kopf sitzt ein alter hut
sieht er nicht lustig aus

★ Wähle einen Buchstaben aus. Schreibe einen lustigen Satz mit Namenwort (Nomen), Eigenschaftswort (Adjektiv) und Tätigkeitswort (Verb)!
Bunte Buchstaben backen Brot. …

SF S.52

Wörter zusammensetzen

1 Bilde zusammengesetzte Namenwörter (Substantive) und schreibe sie mit dem Begleiter (Artikel) auf!

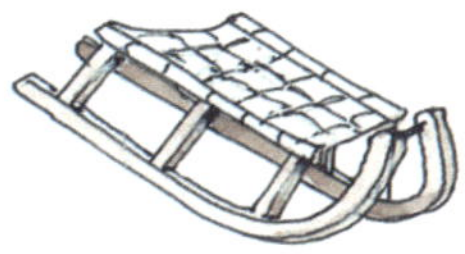

Fahrt
Bahn
Hund

Winter
Gummi
Leder

2 Wie heißen die Zusammensetzungen?
Erkläre deinem Nachbarn, was die Wörter bedeuten!

die Milch die Kuh	die Milchkuh, die Kuhmilch
das Schloss die Tür	
die Reise der Bus	
der Finger der Ring	

3 Finde in jedem Wortband zwei Zusammensetzungen! Schreibe so:

Märchenbuchseite — das Märchenbuch, die Buchseite

Schneeballspiel | Vogelfutterstelle | Winterferienspaß

★ Gestalte für deine Mitschüler Bilderrätsel! So:

Wortfamilien

1 Welche Wörter gehören zu einer Familie? Kennzeichne sie so:

die Zahl	fliegen	er rollt	gebaut
zahllos	die Rolle	geflogen	bauen
die Fliege	baufällig	zählen	gerollt
rollen	gezählt	der Bau	ich fliege

2 Schreibe eine Wortfamilie heraus und unterstreiche den Wortstamm!

3 Bilde möglichst viele Wörter mit dem Wortstamm **fahr**!

ge-
vor-
be-
ab-

fahr-

-los
-en
-t
-bar

4 Jeweils ein Wort in jeder Zeile gehört nicht zur Familie.
Streiche es durch!

das Futter	gefüttert	furchtbar	die Futterstelle	ich füttere
gefahrlos	der Gefallen	ich fuhr	der Fahrplan	fahren
die Gefahr	die Fehler	gefehlt	es fehlt	der Fehler
backen	ich backe	der Bäcker	gebacken	das Paket

★ Suche Wörter mit gleichem Wortstamm zu **schenken**, **malen**, **schmücken**!

SF S. 54

Lange und kurze Selbstlaute

1 Sprich die Wortpaare besonders deutlich!
Kennzeichne die Selbstlaute so: lang (_) / kurz (.)!

das Brot • der Topf | die Hütte • die Hüte | der Riese • der Ring
das Schiff • schief | schnell • schwer | planen • kalt

2 Klingt der erste Selbstlaut kurz oder lang? Entscheide:

	kurz	**lang**
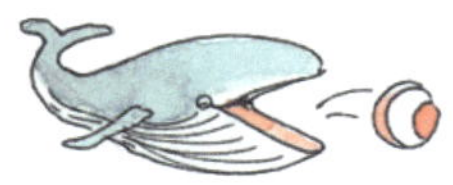	der Ball	der Wal

3 Was gehört zusammen? Verbinde! Unterstreiche den Wortstamm!

sticken	sie packt	sticken – er stickt
stecken	er stickt	
packen	er bäckt	
backen	sie steckt	

4 Hier sind zwei Wörter durcheinandergeraten. Schreibe sie richtig auf!

ket | Ge | chen | burts | tags | Weih | nachts | pa | päck

★ Sammle Namen mit kurzem oder langem Selbstlaut und ordne sie!

Das tut mir gut

Was Freunde machen

1 Unterstreiche alle Wörter mit dem Wortstamm **freund**!
Schreibe sie heraus und markiere den Wortstamm!

Freunde
In der Klasse 2b sind viele Kinder miteinander befreundet. Die meisten Schüler haben einen Freund oder eine Freundin. Freundschaft ist etwas ganz Besonderes, meint unsere Lehrerin. Manchmal gibt es Streit, aber schnell sind alle wieder nett und freundlich zueinander.

Freunde

Abc **2** Schreibe zu den Bildern eine kleine Geschichte!

Stelle Freunde-Regeln auf!

Briefe schreiben

1 Setze den Brief in der richtigen Reihenfolge zusammen und schreibe ihn auf!

Liebe Anna, | Morgen laufen wir wieder gemeinsam nach Hause. | Viele Grüße | Katja | entschuldige, es tut mir leid. | Gera, 21. April 20… | Ich wollte dich nicht stehen lassen.

Ort, Datum:

Anrede:

Was Katja mitteilt:

Grüße:

Unterschrift:

Abc **2** Finde die Fehler in den fünf Wörtern!
Schlage im Wörterbuch nach und berichtige sie!

Lieber herr Keller,

wir dangen Ihnen für die schöne

Wanderung im Walt. Unser

Wandertag war ein toles Erlebnis.

Viele Grüse von der Klasse 2b

★ Schreibe einen Brief an einen lieben Menschen!

Wörter mit St/st und Sp/sp am Wortanfang

1 Suche Wörter mit **St/st** und **Sp/sp** und ordne so:

S	T	A	D	T	F	E	S	P	O	R	T	W
X	Z	S	T	E	R	N	M	S	P	I	T	Z
S	P	Ä	T	G	S	T	A	R	T	E	F	J
F	S	T	I	L	L	M	S	P	I	E	L	A

Namenwörter (Nomen) (5):

Stadt,

Eigenschaftswörter (Adjektive) (3):

2 Setze passende Silben zusammen!

ste | spie | spa | spit | sprin | ste

ren | zen | hen | cken | len | gen

3 Suche dir ein Tätigkeitswort (Verb) von Aufgabe 2 aus. Schreibe alle gebeugten Formen (Personalformen) auf!

4 Bilde zusammengesetzte Namenwörter (Nomen)!

Stadt   Spiel

? < Platz / Feld

? < Fest / Plan

★ Bilde Schlangenwörter mit **St** oder **Sp**! *Spiel, Spielzeug, Spielzeugladen …*

Wörter mit ch und sch

1 Was siehst du? Sprich die Wörter deutlich und sortiere so:

Wörter mit ch

Wörter mit sch

2 Schreibe Wortgruppen!

grün, leer, ~~lustig~~
schuppig, dick, lecker

Fisch, ~~Mädchen~~, Frosch,
Kuchen, Buch, Flasche

ein lustiges Mädchen,

3 Ordne diese Wörter nach dem Abc:

euch
sich
dich
ich
mich

★ Schreibe eine Geschichte mit drei Wortgruppen aus Aufgabe 2!

Bist du fit?

Winterurlaub
Felix und Selina waren in diesem Jahr in den Bergen zum Wintersport. Wenn das Winterwetter schön war, tobten sie im Schnee oder fuhren mit ihren schnellen Schlitten um die Wette. Bei starkem Wind konnten beide nicht mit dem Lift fahren. Dann wanderten sie durch die weiße Winterlandschaft. Die nächsten Winterferien wollen Felix und Selina wieder im Schnee verbringen.

1 Finde im Text:

zwei Namenwörter (Nomen):

zwei Tätigkeitswörter (Verben):

zwei Eigenschaftswörter (Adjektive):

2 Klingt der fettgedruckte Selbstlaut kurz oder lang?
Kennzeichne so: lang (_) / kurz (.)!

das J**a**hr • wir w**o**llen • der Sk**i** • der N**e**bel
der Schl**i**tten • wir f**u**hren • schn**e**ll

3 Unterstreiche im Text alle zusammengesetzten Namenwörter (Nomen)!

4 Bilde drei zusammengesetzte Namenwörter (Nomen) mit **Schnee**!

5 Ordne die Wortfamilien und ergänze weitere Wörter!

du spielst – gelacht –
gewünscht – das Lächeln – spielerisch
er wünscht – lächerlich – der Spieler – wunschlos

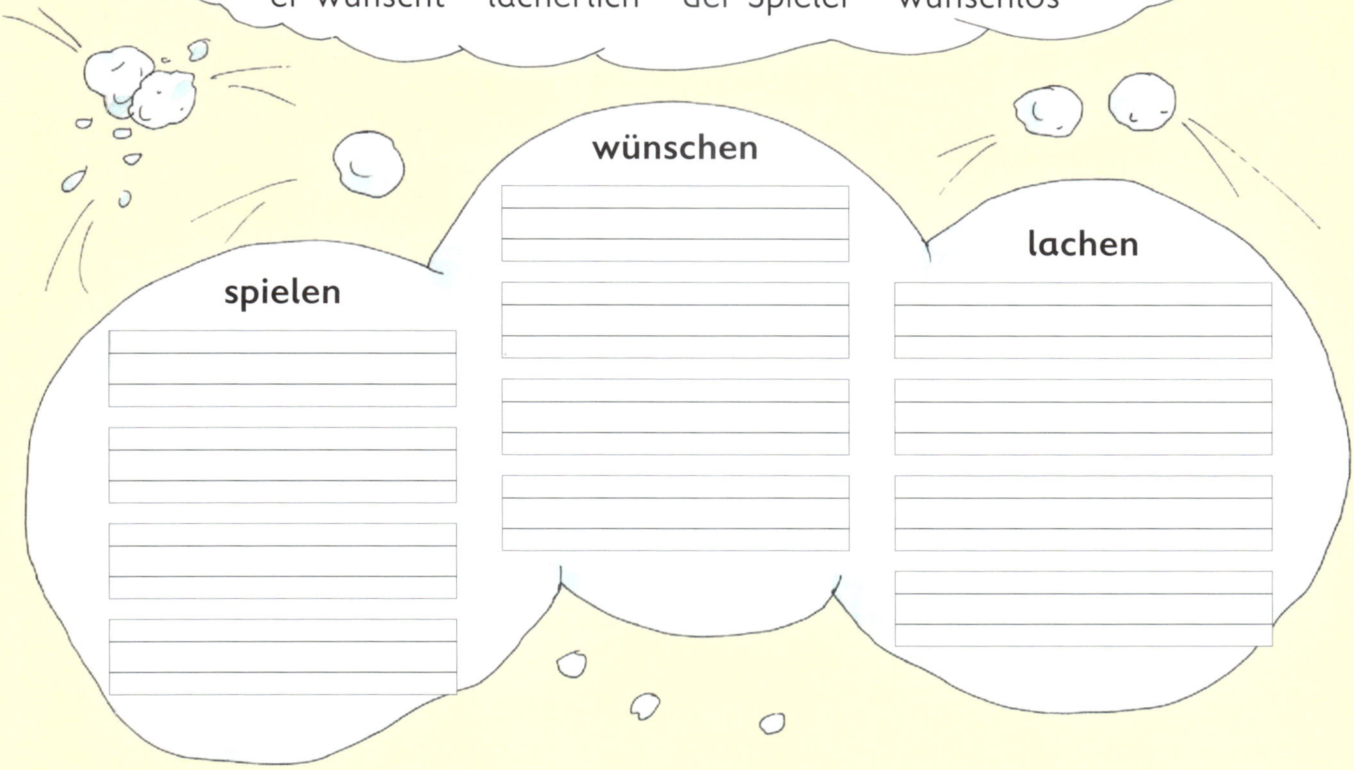

6 Selina schreibt ihrer Freundin Julia einen Brief aus dem Winterurlaub. Schreibe diesen Brief in der richtigen Form!

Im Frühling

Den Frühling mit allen Sinnen entdecken

1 Ergänze die Sprechblasen!

2 Setze treffende Eigenschaftswörter (Adjektive) ein!

kalt | laut | rot | schnell | warm | süß | saftig | bunt | leise | klein

Peter fühlt den ______ Wind im Gesicht.

Ich höre die Amsel ______ zwitschern.

Susi sieht eine ______ Primel.

Die Erdbeeren schmecken ______.

★ Schreibe einen Reim zum Thema Frühling!

Wortbausteine

1 Bilde neue Wörter und schreibe sie auf!

~~hin~~ | sehen | um
zu | aus
auf | an
blühen | ver

hinsehen,

2 Bilde neue Wörter mit **fangen** und setze sie richtig ein!

Max will den Ball ________.

Nina muss ihren Hund wieder ________.

Wer darf ________?

an | fangen | auf | ein

3 Bei dieser Spielanleitung müssen die Wortbausteine passend eingesetzt werden:

weiter | geben — los | rennen — auf | setzen — ab | setzen — herum | rennen — zurück | laufen — hin | setzen

Die ersten beiden Spieler setzen einen Hut ________. Nun rennen sie mit einem Ball um die Wendemarke ________. Sie laufen zum Start ________. Dort setzen sie den Hut ________. Nun geben sie Ball und Hut ________ und setzen sich ________. Die nächsten beiden Spieler rennen ________. Wenn alle Kinder gelaufen sind, ist das Spiel vorbei.

★ Wähle ein Tätigkeitswort (Verb) aus und finde passende Wortbausteine!

Wörter mit ng

1 Welche Wörter gehören zu einer Wortfamilie? Schreibe auf!

das Jungtier • ringförmig • langsam • der Ringfinger • ~~jung~~
die Langeweile • der Ring • der Junge • lang

jung,

2 Bilde mit diesen Verben Aufforderungssätze! Achte auf den Satzanfang!

fangen • singen • springen • bringen

_____ den Ball

_____ mir das Sprungseil

_____ über den Bach

_____ ein Lied

3 Bilde mit diesen Wörtern je einen Aussagesatz, einen Fragesatz und einen Aufforderungssatz!

Schnecken noch langsam dauert es dich kriechen beeile lange

★ Finde so viele Wörter wie möglich zur Wortfamilie **springen**!

Lange und kurze Selbstlaute

1 Welcher Selbstlaut passt in alle Wörter einer Reihe? Setze ihn ein!

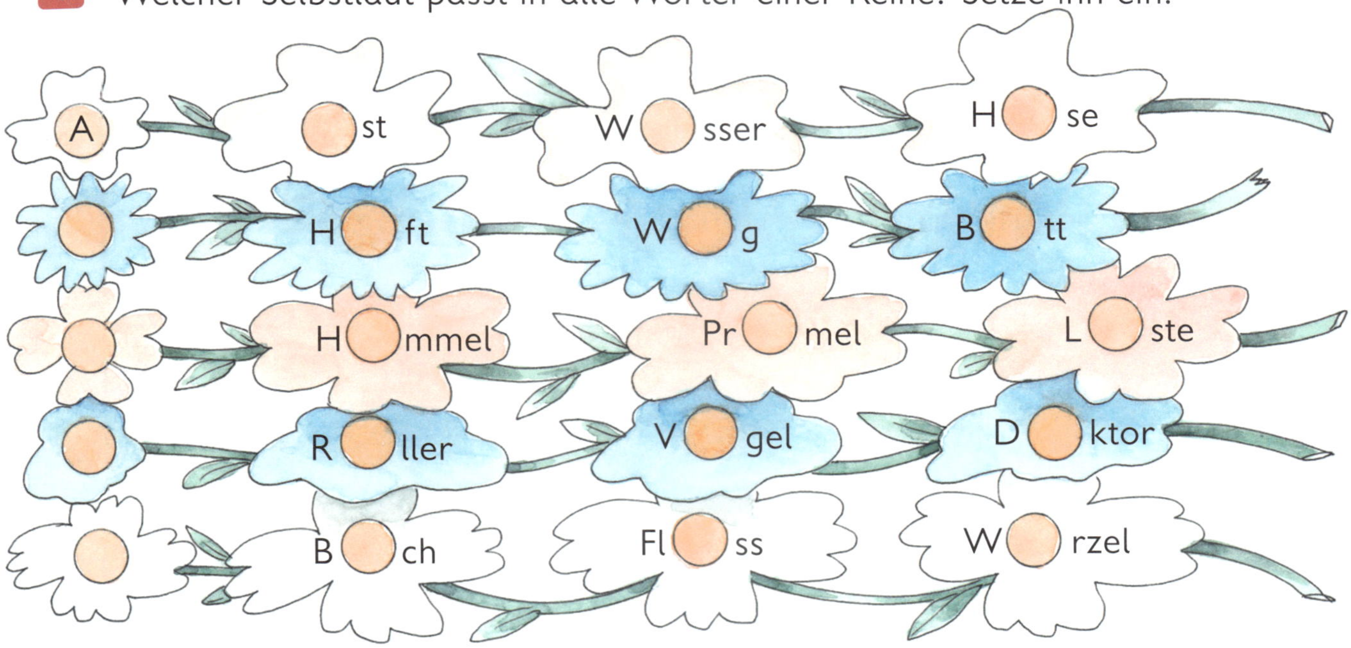

2 Sprich die Wörter deutlich.
Kennzeichne kurze (.) und lange (_) Selbstlaute!

3 Was folgt nach dem kurzen Selbstlaut? Ordne die Wörter!
Es sind immer fünf.

Doppelter Mitlaut:

Verschiedene Mitlaute:

4 Bilde lustige Sätze mit diesen Wortpaaren!
Markiere die Selbstlaute mit (_) oder (.)!

Löwen – löffeln   Affen – schlafen   Robben – toben   Esel – essen

★ Finde alle Wörter mit einem doppelten Mitlaut im Wörterbuch unter **M**!

Mit Tieren leben

Kennst du diese Tiere?

1 Finde den passenden Oberbegriff und schreibe ihn auf!

Forelle • Hering • Hai

Eule • Spatz • Adler

Hamster • Katze • Hund

2 Verbinde die Silben miteinander und schreibe die Tiere auf!

Gi	ko	chen
Schild	pa	fe
Meer	raf	te
Pa	schwein	dil
Kro	krö	gei

3 Schreibe auch solche Tier-Wörter oder Tier-Sätze:

Pony
Fohlen
Esel
Reiter
Dressur

Kaut Gras
und
hat ein Euter.

Klein
Anschmiegsam
Träge
Zutraulich
Elegant

★ Welches Tier wünschst du dir? Schreibe auf, warum!

Der Mäuserich

☐ Er brauchte nicht lange zu suchen.

☐ Eines Tages machte er sich auf den Weg, um eine solche Braut zu finden.

☐ Es war einmal ein Mäuserich, der wollte keine gewöhnliche graue Maus heiraten.

2 Nein, seine Frau sollte ein ganz besonderes Wesen sein.

1 Bringe die Sätze des Märchens in die richtige Reihenfolge! Nummeriere sie von 1 bis 4 und lies vor!

Abc **2** Wie könnte es weitergehen? Schreibe das Märchen zu Ende!

★ Male ein Bild zu deiner Geschichte!

Wörter mit tz

1 Hier fehlen die Punkte. Trenne die Sätze durch Striche! Schreibe dann jeden Satz in eine neue Zeile!

Katze Tinka ist mein Schatz sie hat vier weiße Tatzen oft putzt sie ihr Fell manchmal kratzt sie am liebsten mag sie ihren Platz am Fenster

2 Kreise in allen Wörtern **tz** ein und markiere den kurzen Selbstlaut!

3 Ordne nun die Wörter mit **tz** so:

Namenwörter (Nomen):

Tätigkeitswörter (Verben):

4 Finde Reimwörter und schreibe sie richtig untereinander!

schn tzen kr tzen h tzen schm tzen bl tzen p tzen

flitzen	**platzen**	**setzen**

★ Schreibe mit Reimwörtern einen lustigen Satz!

Wörter mit doppeltem Mitlaut

1 So können Tiere sein. Ergänze **ll**, **pp**, **ss** oder **ff** und setze ein!

bi___ig   za___elig   stru___ig   dro___ig   a___ig   mo___ig

ein Hund, eine Katze

ein Kater, ein Mäuschen

2 Ergänze **ss**, **ff**, **tt**, **rr** oder **pp**!

Fütterung im Zoo

Das Pferd fri___t Hafer___

Fre___en A___en Bananen___

Vorsicht, bi___iger Hund___

Das Krokodil schna___t nach dem Fu___er___

Wann schnu___t die Wildkatze___

Bi___e nicht fü___ern___

3 Ergänze in Aufgabe 2 die Satzzeichen!

4 Wie heißen diese Tiere richtig? Schreibe sie mit Artikel auf!

★ Erfinde lustige Tiernamen wie in Übung 4!

Bist du fit?

Leo besucht seinen Freund Felix.

Er hat eine schwarze ______.

Sie ______ auf dem Sessel am Fenster und ______ ihr Fell. Neugierig beobachtet sie draußen eine Nachtigall im Nussbaum. Mit einem ______ springt sie ______ auf das Fensterbrett.

1 Setze folgende Wörter richtig ein:

Katze • sitzt • Satz • plötzlich • putzt

2 Markiere im Text fünf Wörter mit doppeltem Mitlaut!

3 Schreibe sie auf und kennzeichne den kurzen Selbstlaut!

4 Finde eine passende Überschrift!
Schreibe sie auf die Zeile über dem Text.

5 Das hätte Leo sagen können, als er die Katze beobachtete.
Ergänze die fehlenden Satzzeichen!

Du hast eine schöne Katze ☐ Was sieht sie draußen im Garten ☐

Komm zu mir ☐ Ich möchte dich streicheln ☐

6 Verändere die Tätigkeitswörter (Verben) mit einem passenden Wortbaustein!

bringen –

singen –

fangen –

springen –

7 Bringe die Sätze in die richtige zeitliche Reihenfolge!

Kaninchen-Babys

- ☐ Nach einem Monat sind die Jungen selbstständig.
- ☐ Mit acht Tagen bekommen sie ein Fell.
- ☐ Bei der Geburt sind die Jungen nackt, taub und blind.
- ☐ Mit zehn Tagen öffnen sich die Augen.
- ☐ Kaninchen bekommen im Frühjahr Junge.

8 Schreibe ein kleines Erlebnis mit einem Tier auf!

Bei uns und anderswo

Frankreich – Deutschlands Nachbarland

Frankreich gehört zu Europa. Die Hauptstadt von Frankreich heißt Paris und ist berühmt für ihre Sehenswürdigkeiten. Jeden Tag kommen Besucher aus der ganzen Welt zum Wahrzeichen der Stadt, dem Eiffelturm. Frankreichs Flagge, die Trikolore, hat drei Streifen: blau (links), weiß (Mitte), rot (rechts).

1 Beantworte die Fragen! Markiere die Antwort zuerst im Text!

Wie heißt die Hauptstadt von Frankreich? ______________

Wie heißt Frankreichs Flagge? ______________

Die Flagge:

2 Schreibe die Fragesätze richtig auf:

kommen • Woher • Besucher • die • ?

Woher ______________

welchen • Aus • Farben • die • besteht • Flagge • ?

____

nennt • Wie • die • Flagge • noch • man • ?

____

3 Lies den Text oben! Stelle passende Fragen zu den Antworten:

Frage:	Antwort:
______________	der Eiffelturm
______________	Paris
Wozu ______________	zu Europa

★ Was weißt du noch über Frankreich? Schreibe es auf!

Ein Marsmännchen besucht die Erde

1 Erkläre dem Marsmännchen diese Dinge:

ein Haus → Darin kannst du wohnen ______.

ein Apfel → Den kannst du ______.

ein Bett → Darin ______.

ein Stuhl → ______.

2 Was meint das Marsmännchen? Verbinde:

Bericht von der Erde

Auf der Erde gibt es große Kästen mit vielen kleinen Menschen darin.	die Buntstifte
Diese kleinen Menschen sitzen auf Gestellen aus Holz.	die Tafel
Sie halten dünne Stöcke in der Hand, aus denen Farbe kommt.	die Schule
An der Wand hängt ein grünes Brett.	die Stühle

3 Erkläre dem Marsmännchen einige dieser Wörter:

Fernseher Brille Fahrrad Fußballspiel

______

______

______

★ Die Mars-Kinder spielen gern mit Xamwadschis. Was könnte das sein?

Eierkuchen backen

1 Schreibe eine Anleitung! Die Bilder und Wortgruppen helfen dir dabei.

mixen • erhitzen • wenden
Teig in die Pfanne geben

als Erstes • zuerst • dann • danach • nun
anschließend • zum Schluss • zuletzt

Das brauche ich:

Das muss ich tun: Zuerst gebe ich

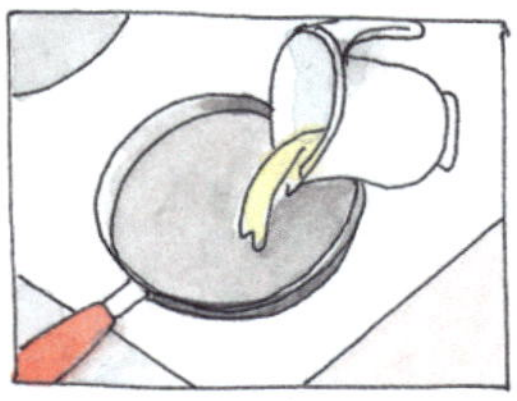

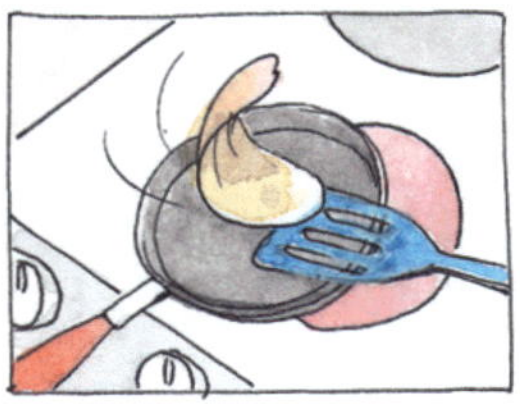

2 Unterstreiche die Tätigkeitswörter (Verben) rot!

★ Denke dir ein Rezept der Marsmännchen aus! Schreibe es auf! Zutaten könnten sein: Planetenpulver, Mondeier, Sonnenstaubzucker, Kratermehl …

Wörter mit s

Das Wort ERLAUBNIS hat 9 Buchstaben: E R L A U B N I S
1 2 3 4 5 6 7 8 9

1 Entschlüssele die Geheimschrift und schreibe die Wörter auf!

7 4 9 1 ______ 1 8 9 ______

2 1 8 9 1 ______ 2 1 8 9 ______

6 5 9 ______ 9 4 5 6 1 2 ______

2 Schreibe auf, was diese Zeichen bedeuten!

______

______

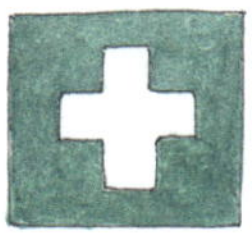

______

3 Denke dir solche Zeichen für die Schule aus!

Tafeldienst	Leise sein!	Nicht schubsen!

★ Das Wort APFELSINE hat 9 Buchstaben. Bilde aus diesen neue Wörter!
Napf, Insel, ...

In der Bibliothek

Wir lesen Bücher

1 Setze die Silben zusammen und schreibe die Wörter auf!

~~Mär~~	Co	Kri	Ge	Rät
dicht	mi	~~chen~~	sel	mic

das Märchen,

2 Schreibe die Lese-Wörter auf!

die Ratte

das Buch

die Lampe

die Brille

der Sessel

3 Trage das Tätigkeitswort (Verb) in der richtigen Form ein!

☐	Er _____ einen Leserausweis.	bekommen
☐	In vier Wochen _____ er sie wieder _____.	abgeben
☐	Jonas _____ sich in der Bücherei neu _____.	anmelden
☐	Jonas _____ aus dem Regal zwei Bücher _____.	auswählen
☐	Diese zwei Bücher _____ Jonas _____.	ausleihen

4 Was tut Jonas in der Bibliothek? Bringe die Sätze von Aufgabe 3 in die richtige Reihenfolge! Schreibe die Zahlen 1 bis 5 in die Kästchen!

★ Schreibe auf, was du dir schon mal aus der Bibliothek ausgeliehen hast!

Lesen macht Spaß

1 Bilde mit den Bausteinen Tätigkeitswörter (Verben), die du kennst!

vor · weg · lesen · ver · mit · durch

2 Setze die Tätigkeitswörter (Verben) aus Aufgabe 1 nun sinnvoll ein!

Felix sitzt auf dem Lesethron und möchte gern ______.

Alle dürfen leise ______. Anton ist als Nächster dran.

Er ist ganz aufgeregt und möchte sich nicht ______.

Lisa will das Buch bis nächste Woche ______.

3 Lies das Programm der Kinderbibliothek und kreuze an, was stimmt!

Montag	Dienstag	Mittwoch	Donnerstag	Freitag
Vorlese-stunde für die Allerkleinsten (2–4 Jahre)	Bilderbuch-kino (5–8 Jahre)	Märchen hören und basteln (7–9 Jahre)	Felix Groß liest aus seinem neuen Buch (8–11 Jahre)	Rallye durch die Bücherei (8–11 Jahre)

- ☐ Die Allerkleinsten können das Bilderbuchkino besuchen.
- ☐ Am Mittwoch liest ein Autor aus seinem neuen Buch vor.
- ☐ Für Neunjährige gibt es an drei Tagen Angebote.
- ☐ An einem Tag wird die Bibliothek vorgestellt.

★ Das Wort Bücherei endet auf **-ei**.
Kennst du noch mehr solche Namenwörter (Nomen)?
Bäckerei, Datei, ...

Wörter mit t

1 Was hörst du im verlängerten Wort? Ergänze:

der weite Weg – weit
das kal_e Wasser – kal_
die lau_e Musik – lau_

der run_e Tisch – run_
das ro_e Auto – ro_
die bun_en Bilder – bun_

2 Ergänze diese Tätigkeitswörter (Verben) in der richtigen gebeugten Form (Personalform)! Unterstreiche Wortstamm und Endung verschieden!

Oma ________ ihre  .

Opa ________ die  .

Toni ________ einen 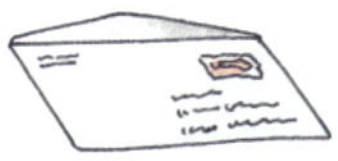 .

Marie ________ auf dem  .

suchen
schreiben
sitzen
lesen

3 Kennzeichne das Wort, das nicht in die Reihe gehört! Begründe!

BROT WORT HEFT WEIT

BUNT SINGT WEIT KALT

KOMMT SPIELT SEITE REITET

★ Suche im Wörterverzeichnis oder Wörterbuch: Wie viele Namenwörter (Nomen) mit dem Anfangsbuchstaben **T** haben zwei Silben?

Wörter mit ß

1 Welche Dinge sind heiß, süß, weiß oder groß?
Schreibe je zwei Wortgruppen!

Frucht • Baum • Suppe • Papier • Sommer • Haus • Hose • Sahne • Kuchen

heiß

eine heiße Suppe

weiß

groß

süß

2 Bilde Wörtertreppen!

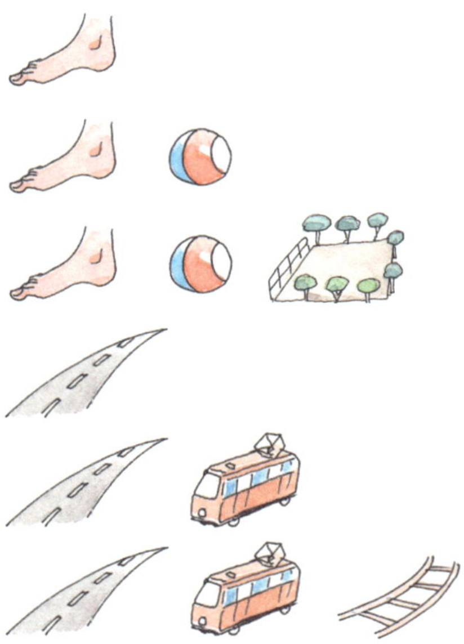

der Fuß

der Fußball

der

die

die

die

3 Setze ein: **ss** oder **ß**! Markiere _ und .!

der Gru ___ • mü ___ en • er fri ___ t • der Fu ___
wei ___ • ich mu ___ • gro ___ • fre ___ en • hei ___

★ Kennst du Märchen, in denen die Wörter **weiß** und **süß** vorkommen?

Bist du fit?

Die Kinderbücherei wird neu eröffnet

Burgstadt. – Weiße Räume, längere Öffnungszeiten und mehr Platz gibt es nun für Burgstadts jüngste Leser. Nun macht es noch mehr Spaß, sich viele verschiedene Medien wie Bücher, Zeitschriften, Spiele oder CDs auszusuchen.

Die neue Kinderbücherei befindet sich in der Bach-Straße in der Nähe des Kindergartens.

Die feierliche Eröffnung findet am 19. Mai statt. Alle Grundschüler erhalten Tee und süße Waffeln.

Die Bibliothek hat montags bis freitags von 11 bis 19 Uhr und samstags von 11 bis 16 Uhr geöffnet.

1 Beantworte die Fragen!

Welche Farbe haben die Räume der Bücherei?

Was erhalten alle Grundschüler zur Eröffnung?

Kannst du dir dienstags um 9 Uhr Bücher ausleihen?

2 Stelle passende Fragen zu den Antworten!

Frage:	Antwort:
	in der Bach-Straße
	Bücher, Zeitschriften
	am 19. Mai

3 Setze ein Wort mit einem Bild zu einem neuen Wort zusammen!

Stups | Latz | Blumen | Tee | Garten | Reise | Stiel

Stupsnase,

4 Schreibe auf, wie du eine Stabpuppe bastelst!

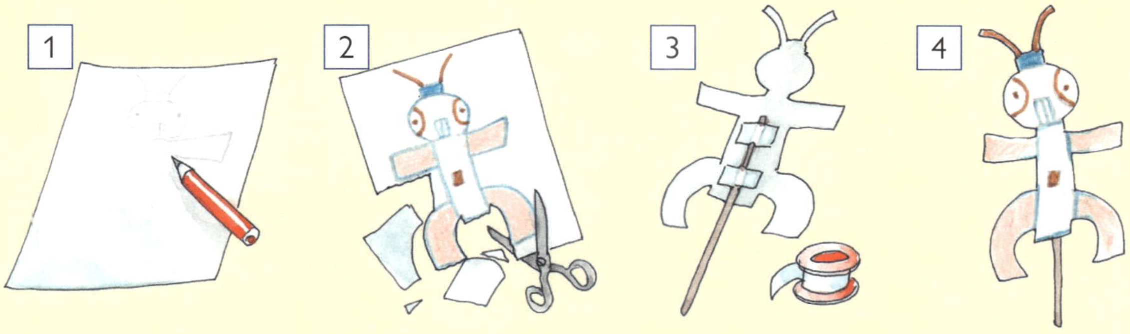

Verwende diese Wörter: Kleber, Schere, Blatt Papier, malen, ausschneiden, kleben, Stab

So gehe ich vor:

Unheimliches und Spannendes

Eine spannende Geschichte

1 Betrachte die Bildgeschichte. Ordne die Sätze den Bildern zu!

☐ Alle bauen fleißig.

☐ Nun ist das Baumhaus fertig.

☐ Paul wünscht sich ein Baumhaus.

2 Schreibe auf, was weiter passiert!

3 Finde eine Überschrift für deine Geschichte und trage sie oben ein!

★ Gestalte selbst eine kleine Bildgeschichte!

Wörter mit eu und ei

1 Bilde Reimwörter!

Eule	neu	Feuer	Leute
K	H	S	h
B	sch	Ungeh	B

2 Ordne die Wörter richtig und schreibe die Sätze!

freuen • Leute • auf • sich • das Wochenende • ~~viele~~ • .

Viele

weg • Feuer • ~~geh~~ • vom • !

Geh

kaufen • ein • neues • heute • wir • Sofa • .

das • teuer • zu • ~~ist~~ • nicht • ?

Ist

3 Schreibe fünf Zahlen mit **ei** oder **eu** auf!

4 Entschlüssle die Geheimschrift des Speiseplans!

Koch H_ner schr_bt s_nen
Sp_seplan für _nen F_ertag:

Gemüse-_ntopf
Schw_nefl_sch mit R_s
und W_ßkraut
_s mit h_ßen Himbeeren

★ Denke dir eigene Geheimschriften aus!

Wörter mit aa, ee, oo

1 Setze **aa**, **ee**, **oo** ein und schreibe die Namenwörter (Nomen) auf!

H, W, P – (aa) – r, ge, r

S, B, M – ( ) – r, re

B, Z, M – ( ) – s, t

das Haar,

2 Löse das Rätsel!

waagerecht:
1 grüner Pflanzenteppich im Wald
2 Märchenwesen, das Wünsche erfüllt
3 wachsen auf dem Kopf
4 rote Frucht, die am Boden wächst
5 dort kann man Tiere ansehen

senkrecht:
1 großes Gewässer
2 fällt im Winter
3 Gerät zum Wiegen
4 Gegenteil von „voll"
5 kleines Schiff
6 Einfall

★ Wer kann in einer Minute die meisten Wörter mit **aa**, **ee** oder **oo** aufschreiben?

SF S.112

Wörter mit ie

1 Welche Tätigkeitswörter (Verben) stecken in den Bildern? Schreibe auf!

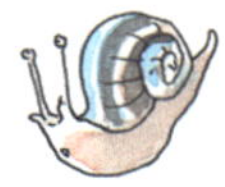

2 Schreibe alle Tätigkeitswörter (Verben) aus Aufgabe 1 in der richtigen gebeugten Form (Personalform) auf und unterstreiche die Endung!

alle Kinder	**ich**	**du**	**Jonas**
schieben		*schiebst*	
	wiege		*wiegt*

Abc **3** Ordne diese Wörter nach dem Abc!

Wiese • Lied • Spiel • Zwiebel
sieben • Riese • Papier • Ziege

★ Finde Tätigkeitswörter (Verben) mit **-ieren**!

gratulieren, …

Im Sommer

Meine Urlaubspost

1 Nummeriere die richtige Reihenfolge und schreibe die Karte neu auf!

☐ Viele Grüße von Tanja	☐ Kastanienstr. 12
☐ wir haben ein Piratenfest gefeiert. Ich habe mich als Kapitän verkleidet. Alle haben gelacht.	☐ Rieke Lehmann
☐ Liebe Rieke,	☐ 34567 Tälerdorf

2 In welcher Reihenfolge stehen diese Namen im Telefonbuch?

☐ Lehmann, Tina	☐ Lehmann, Robert	☐ Lehmann, Daniel
☐ Lehmann, Xenia	☐ Lehmann, Christoph	☐ Lehmann, Benjamin
	☐ Lehmann, Janine	1 Lehmann, Anna
	☐ Lehmann, Susan	☐ Meier, Sebastian

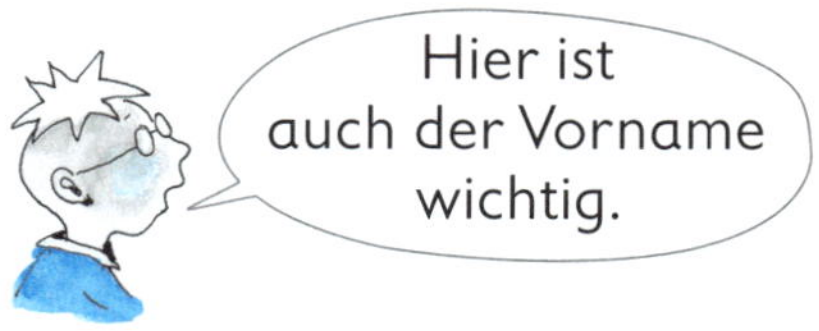

★ Gibt es in deinem Wohnort Menschen mit demselben Nachnamen, den du hast? Schau im Telefonbuch nach!

SF S. 118

Ähnliche Wörter

1 Finde neun passende Wörter zu **sprechen** und schreibe sie auf!
Du kannst waagerecht und senkrecht suchen.

V	B	E	R	I	C	H	T	E	N	Ü	I	Q	K	P
T	N	Y	E	R	Z	Ä	H	L	E	N	Y	W	O	T
S	P	W	D	S	C	H	R	E	I	E	N	A	P	K
D	F	O	E	A	S	M	U	R	M	E	L	N	T	B
X	C	H	N	G	Ö	S	F	L	Ü	S	T	E	R	N
M	I	T	T	E	I	L	E	N	V	I	O	R	U	Z
Z	U	P	Ä	N	X	G	N	J	D	G	H	Q	V	Y

2 Setze ein treffendes Tätigkeitswort (Verb) für **sprechen** ein!

Opa ______ mir gern Märchen. Der Journalist ______ über einen Unfall. Paul ______ Tina ein Geheimnis ins Ohr. „Kommt alle her!“, ______ Mama im Garten. Peter ______ „Hallo“ zu Marie.

3 Finde ähnliche Tätigkeitswörter (Verben)!

waschen	kichern	schreiben	essen
putzen			
säubern			

★ Wie kann man **schummeln** anders sagen?
Wer findet die meisten Wörter?

Wörter mit hl, hm, hn, hr

1 Setze die richtige Form von **nehmen** ein!

Ich ________ ein Paket an.

________ ihr den Hund mit?

Alle Kinder ________ an dem Wandertag teil.

2 Ergänze die Tabelle!

Namenwort (Nomen)	**Tätigkeitswort (Verb)**	**Eigenschaftswort (Adjektiv)**
der Fehler		los
	fahren	ge lich
		wohnlich
die Zahl		reich

3 Bilde zusammengesetzte Namenwörter (Nomen)!

Milch Arzt
Zahn
? Bürste

Sand Zeiger
Uhr
? Zeit

Seil Hof
Bahn
Auto ?

Wer findet das längste zusammengesetzte Wort mit dem Wortstamm **fahr**?

Wochentage, Monate und Jahreszeiten

1 Welches Wort passt nicht? Streiche es durch!

Wochentage: Montag – Freitag – März – Mittwoch – Sonntag

Monate: April – September – Dezember – Mai – Winter

Jahreszeiten: Frühling – Sonnabend – Sommer – Winter – Herbst

2 Bringe die übrigen Wörter in die richtige Abfolge!

3 Fülle aus!

1 der 1. Monat des Jahres
2 ein anderes Wort für Sonnabend
3 der Tag vor Donnerstag
4 der kürzeste Monat im Jahr

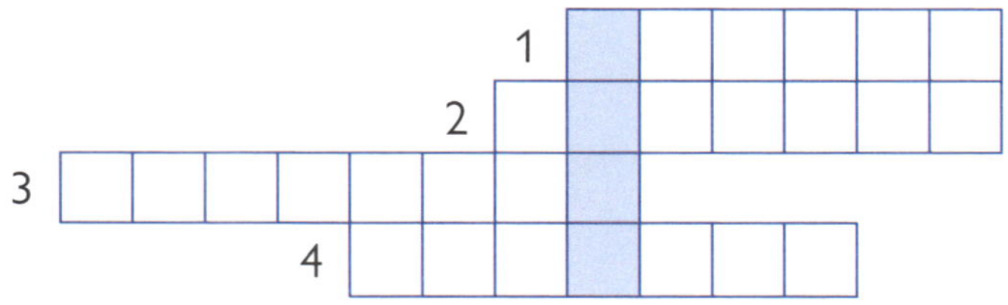

Lösungswort:

4 Schreibe die Monatsnamen auf, die auf **r** enden!

5 Setze die beiden Wörter ein!

Mein Lieblingsfach ______ habe ich am ______.

★ Erkunde, wie viele Kinder deiner Klasse im selben Monat Geburtstag haben wie du!

Bist du fit?

Unser Schuljahr

Im ____ hatten wir lange Ferien, und bald begann wieder die Schule. Schnell war es ____ und es wurde kalt. Ende ____ hat es geschneit und ein neues ____ hat begonnen. Im ____ haben wir einen Indianerfasching gefeiert. Zu unserem Wandertag im ____ hat uns ein Jäger durch das Naturschutzgebiet geführt. Nur noch wenige Tage, dann beginnen die ____.

1 Setze die fehlenden Wörter ein!

Dezember • Februar • April   Herbst • Sommer   Ferien • Jahr

2 Setze **i** und **ie** richtig ein!

V__le K__nder sp__len __m Park.

__m K__no w__rd ein toller F__lm gesp__lt.

3 Finde zwei weitere Tätigkeitswörter (Verben), die dazupassen!

sprechen ____

naschen ____

beobachten ____

4 Bringe die drei vertauschten Anschriften in die richtige Reihenfolge, sodass die Post auch richtig ankommt!

Tigerente
12543 Knusperhausen
Villa-Kunterbunt-Weg 5

Hexenallee 17
Pippi Langstrumpf
30129 Panama

88888 Taka Tuka
Entenweg 38
Hänsel und Gretel

5 Schreibe eine Geschichte zu den Bildern!

Schreibübungen

Wir üben Buchstaben in Schreibschrift

1 Welche Buchstaben kannst du schon schreiben?
Übertrage sie in Schreibschrift!

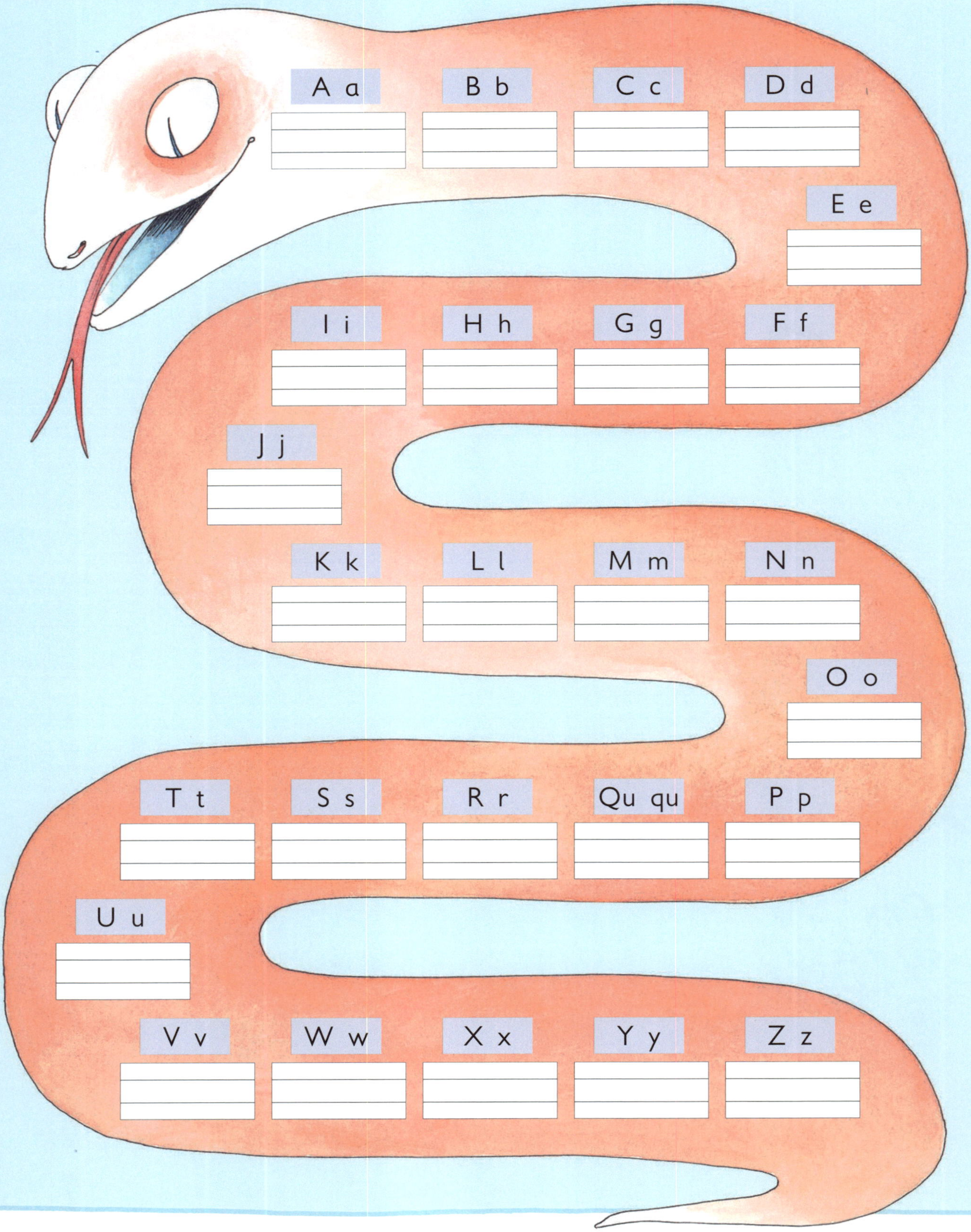

Wir üben Buchstabenverbindungen

1 Schreibe sauber und achte auf die Verbindung!

Ei Ga Ki Li Ma Ru Ze Ja

Lama Jaguar Maus

2 Wie heißen die Tiere? Schreibe sie in einem Zug auf!

SANG • UUH • ELUE

3 Setze jeweils den zweiten Buchstaben genau auf der Grundlinie an!

So Ti Na Bi Va Do

4 Schreibe in Schreibschrift: Sonne, Nadel, Vase, Tinte, Bild, Dose!

Wir üben Buchstabenverbindungen

1 Achte beim Schreiben genau auf die Verbindung!

Af Al Af Al | La Le

Fe Fl | Ge Ga

He Hu | Ju Ja

2 Schreibe Wörter aus dem Wörterbuch ab, die so beginnen:

Au

Fl

Ho

3 Übe sorgfältig!

Qu qu ß

4 Schreibe die Wörter der Wörterschlangen!

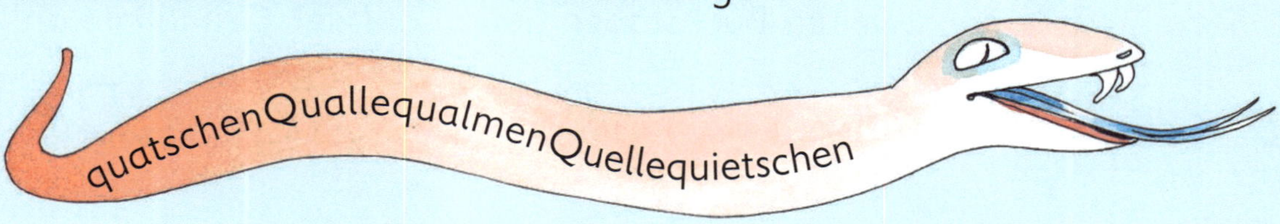

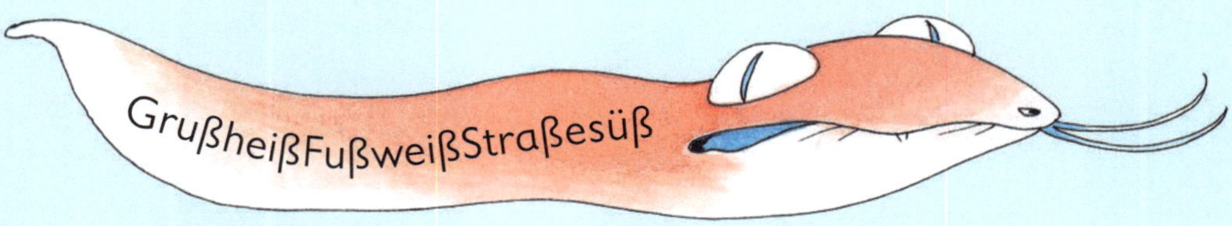

Wie heißt du? Ich

Wir üben Buchstabenverbindungen

1 Schreibe die ähnlichen Buchstaben!

u v w u v w

uh | vo | wi

ruhen   rufen   voll   vom   wie   wieder

2 Schreibe die ähnlichen Buchstaben!

e l f

el | lf | ef

Löffel   Hilfe   Heft

3 Übe die Buchstabenverbindungen!

ra rn | os ot
bl br | ta ti
gr gi | we wi

4 Schreibe diese Wörter: rascheln, blühen, grüßen, losen, tippen, wischen!

Wir üben Buchstaben in Schreibschrift

1 Schreibe sorgfältig!

X x ex ax

Hexe Taxi

Y y Yacht

Baby Teddy

Z z rz tz

Salz Zoo

2 Diese gedruckten Buchstaben sehen sich sehr ähnlich: p d b

p p d d b b

Teddybär abputzen

3 Ergänze die Buchstaben im Spruch!

A / / / – wenn ich zur Schule geh,

E / / / – sind alle Kinder da.

I / / / – wir schreiben schon ganz schnell,

M / / / – das tut auch keinem weh.

Qu / / / – manchmal trinke ich Tee,

U / / / – sonst lern ich nix.

Y / – heute war es wieder nett.

Wir halten Schreibräume ein

1 Schreibe die Wörter ab!
Achtung: Der Platz muss reichen.

Kreide *Tafel* *Schwamm* *Lappen* *Bank*

Lineal *Heft* *Buch* *Füller* *Spitzer*

2 Unterstreiche alle Gegenstände, die auch in deiner Federmappe sind!

3 Schreibe nun die Sätze ab!

Wer bekommt den ganzen Satz in eine Zeile?

Der Füller steckt in der Federmappe.

Die Bücher liegen unter der Bank.

Ich wische die Tafel mit dem Schwamm ab.

Hast du ein Lineal?

Wir schreiben ein Gedicht in Schreibschrift

Die Schaukel
Wie schön sich zu wiegen,
die Luft zu durchfliegen
am blühenden Baum!
Bald vorwärts nach oben,
bald rückwärts gehoben,
es ist wie im Traum!

Heinrich Seidel

1 Schreibe das Gedicht in Schreibschrift ab! Überlege vorher genau, wie du es anordnest!

2 Gestalte die Seite passend!

Wir legen eine Tabelle an

Wörter mit B	Wörter mit F
→ Zeile	↓ Spalte

← Tabellenkopf

1 Zeichne eine Tabelle mit zwei gleich großen (6 cm) Spalten! Du brauchst acht Zeilen.

2 Ergänze den Tabellenkopf: Wörter mit **B**/Wörter mit **F**!

der Ball, der Februar, das Bett, das Fleisch, die Blume, der Brief, die Faxen, der Fuß, die Flasche, der Fisch, der Buchstabe, die Ferien, das Baby, der Boxer

3 Sortiere die Wörter mit B und F richtig in die Tabelle ein!

4 Markiere den großen Anfangsbuchstaben!

Sprach*freunde* 2

Arbeitsheft
Ausgabe Nord

Erarbeitet von
Susanne Kelch, Andrea Knöfler, Heike Schindler, Heike Wessel
und der Redaktion Primarstufe

Unter Einbeziehung der Ausgabe von
Christine Szelenko, Heike Wessel, Tilly Schmidt, Helen Fürniß, Heidemarie Dammenhayn

unter Beratung von
Simone Adler (Pirna), Christiane Blume (Torgelow), Dagmar Diewald (Altenburg),
Colette Hoffmann (Magdeburg), Katrin Junghänel (Zwickau), Heike Keitel (Wittenberg),
Sigrun Nowak (Hohen Neuendorf), Gerhild Schenk (Werneuchen)

Redaktion: Ute Kister
Illustration: Barbara Schumann, Uta Bettzieche (Hund und Detektiv)
Umschlaggestaltung: tritopp Berlin; Uta Bettzieche, Barbara Schumann
Layout und technische Umsetzung: tritopp, Berlin

Quellen
S.18: Brüder Grimm: Kinder- und Hausmärchen. München: Winkler Verlag 1956
S.70: Seidel, Heinrich: Die Schaukel (gekürzt). Aus: Aus Ernst Bühler/Margit Lobeck (Hrsg.): Wie schön, sich zu wiegen. Stuttgart: Freies Geistesleben 1992

www.vwv.de

1. Auflage, 1. Druck 2010

Druck: Druckhaus Berlin-Mitte GmbH

Arbeitsheft
ISBN 978-3-06-080718-5

Arbeitsheft + CD-ROM
ISBN 978-3-06-080721-5

Inhalt gedruckt auf säurefreiem Papier aus nachhaltiger Forstwirtschaft.

Lernstandsseiten Sprache

Liebe Lehrerinnen, liebe Lehrer,

die neuen Arbeitshefte zu den *Freunde*-Lehrwerken beinhalten aktualisierte, sechzehnseitige Lernstandsseiten für die Klassenstufen 2–4. Mit dem hier vorliegenden Teilvorabdruck möchten wir Ihnen einen ersten Eindruck der neuen Lernstandsseiten vermitteln und Sie auf den hinzugekommenen Beobachtungsbogen aufmerksam machen.

Die Lernstandsseiten unterstützen Sie dabei, aktuelle Lernstände und vorhandene Kompetenzen Ihrer Schülerinnen und Schüler in den Bereichen Lesen, Sprache und Sprachbewusstsein sowie Rechtschreibung einzuschätzen und den individuellen förderdiagnostischen Bedarf zu ermitteln. Die Aufgaben sind an den KMK Bildungsstandards sowie den Lehr- und Bildungsplänen orientiert und fokussieren die dort beschriebenen Lernziele und zu erreichenden Kompetenzen. Mit dem Einsatz der Lernstandsseiten bereits ab Klasse 2 werden die Kinder mit dem für sie neuen Instrument der Leistungsmessung (wie z. B. VERA) vertraut gemacht.

Im Beobachtungsbogen werden neben den Aufgabenlösungen auch die jeweiligen Kenntnisse und Fertigkeiten beschrieben, die zur Aufgabenbewältigung im Wesentlichen benötigt werden. Darüber hinaus sind die Aufgaben drei Anforderungsniveaus zugeordnet – in Anlehnung an die in den KMK Bildungsstandards beschriebenen drei Anforderungsbereiche „Wiedergeben", „Zusammenhänge herstellen" sowie „Reflektieren und beurteilen".

Beobachtungsbogen Lernstandsseiten Deutsch Klasse 2 – Sprache Name:______________ Klasse:____

Aufgabe	Niveau	überprüfte Lernziele Teilleistungen/Kompetenzen	Beobachtungen und Notizen	Lösungen
LERNSTANDSERHEBUNG 1 durchgeführt am ___________				
1	1	• Kenntnis des Alphabets • grundlegende sprachliche Strukturen und Begriffe kennen		das Alphabet vervollständigen
2	1	• Kenntnis des Begriffs Selbstlaut • Kenntnis der Selbstlaute		A, E, I, O, U
3	1	• Kenntnis des Begriffs Nomen • Nomen von anderen Wortarten unterscheiden können • grundlegende sprachliche Strukturen und Begriffe kennen		Tasche

Das einfache Smiley-System bietet den Kindern die Möglichkeit zur Selbsteinschätzung und schafft eine Basis zur Reflexion des eigenen Lernstandes. Gemeinsam können anschließend die Ergebnisse aus Selbstbeobachtung und Beobachtungsbogen zu einem Gesamtbild zusammengefügt werden.

Name: Datum:

Wie ist mein Ergebnis?

1 Schreibe das ABC vollständig auf.

A B C D E F G H

2 Kreise alle Selbstlaute ein.

3 Welches Wort ist ein Nomen? Kreuze an.

☐ schön ☐ fliegen ☐ Tasche ☐ regnen

4 Welches Wort ist ein Verb? Kreuze an.

☐ Haus ☐ offen ☐ hören ☐ wolkig

5 Welches Wort ist ein Adjektiv? Kreuze an.

☐ schwer ☐ liegen ☐ schreiben ☐ lachen

kann ich gut lösen · kann ich nur zum Teil lösen · kann ich gar nicht lösen

Name: Datum:

Wie ist mein Ergebnis?

6 In jedem Kasten passt ein Wort nicht zu den anderen.
Streiche das falsche Wort in jedem Kasten durch.

gehen	stehen	rennen	spazieren	wandern	laufen

rufen	schreien	schreiben	flüstern	sagen	tuscheln

stehlen	klauen	wegnehmen	bauen	rauben	erbeuten

7 Schreibe das passende Verb zu den Nomen.

der Arbeiter – ____________________

die Bremse – ____________________

der Bagger – ____________________

das Bad – ____________________

8 In der Wörter-Schlange haben sich drei Nomen versteckt.
Kreise sie ein.

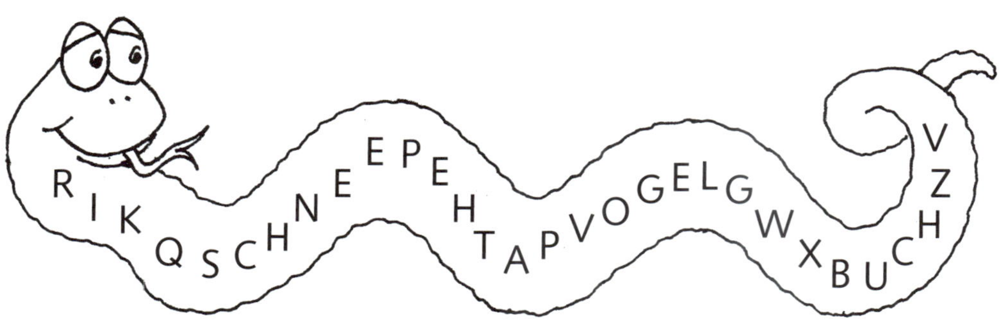

☺ kann ich gut lösen 😐 kann ich nur zum Teil lösen ☹ kann ich gar nicht lösen

Name: Datum:

Wie ist mein Ergebnis?

☺ 😐 ☹

9 Schreibe das Gegenteil auf.

schwer – ____________________

gut – ____________________

links – ____________________

hell – ____________________

laut – ____________________

☺ 😐 ☹

10 Setze die richtigen Artikel ein.

________ Weg ________ Bild ________ Hose

________ Brücke ________ Schiff ________ Baum

☺ 😐 ☹

11 Setze nach jedem Satz einen Punkt.

Es ist Herbst Ein kalter Wind fegt über Wiesen und Felder Anja und Tim lassen ihre Drachen steigen Sie haben schon Handschuhe an und Mützen auf Bald fällt der erste Schnee